le**chocolat**

sommai

& cho

re

colat

tous les jours

entre amis

comme un dimanche

c'est moi le chef !

tous les

& cho

jours
colat

petits pots
de crème
au chocolat

Ingrédients :

40 cl de lait entier

400 g de chocolat noir

200 g de beurre doux

Matériel :

6 petits pots ou coquetiers

PRÉPARATION : Faire bouillir
le lait. Couper le chocolat en petits
morceaux. Verser le lait bouillant
sur le chocolat, mélanger délicatement,
puis incorporer le beurre.

POUR SERVIR : Verser dans 6 petits
pots ou 6 coquetiers et réserver
2 h au réfrigérateur.

Ces petits pots sont
également délicieux avec
du beurre salé. Dans ce cas,
utiliser 100 g de beurre doux
et 100 g de beurre salé.
On peut également panacher
avec des petits pots au
chocolat au lait ou au
chocolat blanc. Dans ce cas,
diminuer la quantité de beurre :
150 g au lieu de 200 g.

tartines briochées
aux trois chocolats

 6 10 min 4/5 min

Ingrédients :

1 brioche rectangulaire

1 tablette de chocolat noir

1 tablette de chocolat au lait

1 tablette de chocolat blanc

 Vous pouvez servir
ce goûter délicieux avec
du cake nature ou
du pain de mie au raisin.
En version allégée,
accompagnez
les tartines de thé
parfumé à l'orange.

PRÉPARATION : Râper les trois chocolats
à l'aide d'une râpe à gros trous au-dessus
de 3 bols différents.

POUR SERVIR : Couper la brioche
en tranches de 1,5 cm d'épaisseur.
Les faire légèrement griller,
répartir dessus les trois chocolats
en les alternant et servir aussitôt,
avec une tasse de chocolat chaud.

roses
des sables

    **6**   **5** min   **2/3** min

Ingrédients :

250 g de chocolat noir

50 g de beurre

150 g de corn flakes nature

 Servez ces roses des sables en dessert dans une coupe avec une mousse de fruits ou simplement quelques noix de crème chantilly. Elles se gardent bien au frais dans une boîte hermétique.

PRÉPARATION : Casser le chocolat en morceaux, les mettre dans un récipient au bain-marie et les laisser fondre à feu doux. Incorporer le beurre. Ajouter enfin les corn flakes et mélanger pour bien les enrober de chocolat.

POUR SERVIR : Déposer des petits tas de corn flakes sur une feuille de papier d'aluminium et les laisser durcir dans un endroit frais (pas au réfrigérateur).

crème
Mont Blanc®
tout chocolat

  6 **10** min **1** min

Ingrédients :

1 boîte de crème Mont Blanc®
au chocolat de 510 g

2 fontainebleaux de 120 g chacun

125 g de chocolat noir

10 cl de crème fleurette

PRÉPARATION : Verser la crème Mont Blanc®
dans un saladier et le mettre au réfrigérateur.
Râper le chocolat au-dessus d'un bol.
Verser la crème fleurette dans une casserole,
porter à ébullition, puis verser sur le chocolat.
Laisser reposer 1 min, mélanger et laisser tiédir.
Verser dans les verres et laisser complètement
refroidir. Retirer la crème Mont Blanc®
du réfrigérateur et y incorporer délicatement
1 fontainebleau et la moitié du second.
POUR SERVIR : Répartir le mélange
dans 6 verres, sur le chocolat, déposer
dessus 1 cuillerée à café du fontainebleau
restant et servir.

Vous pouvez réaliser
cette recette avec tous
les parfums de crème
Mont Blanc®. Si vous
n'avez pas de
fontainebleaux,
une bombe de crème
chantilly sera parfaite.

crème
au chocolat
et aux fruits secs

  4   10 min   6 min

Ingrédients :

250 g de chocolat noir

20 cl de crème liquide

Extrait de vanille ou de café

Amandes et noisettes

(ou noix de cajou) mondées

PRÉPARATION : Casser le chocolat en gros morceaux et les mettre avec la crème liquide dans un plat haut allant au micro-ondes. Faire fondre 6 min, sélecteur « moyen ». Retirer du four et laisser reposer 2 min. Ajouter le parfum choisi et mélanger avec une spatule jusqu'à ce que le chocolat soit bien fondu. Verser dans 4 coupelles et laisser refroidir. Hacher grossièrement les amandes et les noisettes, les passer 2 min sous le gril du four.

POUR SERVIR : Au moment de servir, parsemer les crèmes au chocolat d'amandes et de noisettes, et les accompagner de gaufrettes.

Ces crèmes au chocolat peuvent accompagner un sorbet ou une glace, ou encore une salade de fruits exotiques. Pour un banana split express, versez la crème entre deux moitiés de banane et ajoutez quelques noix de crème chantilly en bombe. Et essayez l'ananas split, avec des cubes d'ananas frais entourés de crème au chocolat.

poires
façon
Belle-Hélène

 6 **15** min **20/25** min

Pour les poires :

6 poires

150 g de sucre semoule

Le jus de 1 citron

Pour la sauce au chocolat :

175 g de chocolat noir de couverture

25 cl de crème liquide

50 cl de glace à la vanille

2 cuillerées à soupe de pistaches concassées

Cette recette peut se faire
avec des demi-poires
au sirop. Dans ce cas,
ne les cuisez pas et préparez
la sauce directement.
Elle peut se faire aussi avec
des pêches blanches ou
des figues fraîches.
Réduisez alors le temps
de cuisson à 10 min.

LES POIRES : Peler les poires en laissant leur queue, les arroser de jus de citron. Dans une casserole, porter à ébullition 50 cl d'eau avec le sucre. Laisser cuire 5 min, puis coucher les poires dans le sirop ainsi obtenu et les laisser cuire 15 min à feu modéré, en les tournant de temps en temps. Lorsque les poires sont cuites, les retirer du sirop en les égouttant et les laisser refroidir à température ambiante.

LA SAUCE AU CHOCOLAT : Casser le chocolat en morceaux et les faire fondre doucement au bain-marie avec 1 cuillerée à soupe du jus de cuisson des poires. Faire chauffer la crème liquide, la verser sur le chocolat fondu, mélanger et retirer du bain-marie.

POUR SERVIR : Poser une poire dans une coupe et, autour, une ou deux boules de glace à la vanille. Napper de sauce au chocolat chaude, parsemer de pistaches et servir aussitôt.

mousse au chocolat noir

 6 15 min 2/3 min

Ingrédients :

180 g de chocolat noir

4 œufs

50 g de beurre

15 cl de crème liquide

1 sachet de sucre vanillé

PRÉPARATION : Casser le chocolat en morceaux et les faire fondre au bain-marie à feu doux, sans remuer. Ajouter le beurre coupé en morceaux, laisser fondre et lisser à l'aide d'une spatule. Retirer le bain-marie du feu, incorporer la crème liquide et mélanger.

Casser les œufs en séparant les blancs des jaunes, mettre les blancs dans un saladier et les jaunes dans un bol. Fouetter les jaunes jusqu'à ce qu'ils blanchissent et les verser sur le chocolat en remuant le mélange tiède. Battre les blancs en neige ferme et ajouter le sucre vanillé sans cesser de battre, jusqu'à ce qu'ils soient lisses. Verser la moitié du chocolat sur les blancs, bien mélanger. Ajouter le reste du chocolat et l'incorporer en soulevant délicatement la masse à l'aide d'une spatule, pour ne pas casser les blancs.

POUR SERVIR : Verser dans un compotier et réserver au réfrigérateur au moins 2 h avant de servir.

la
niniche
de moma

 6 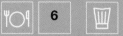 **15** min **20** min

Ingrédients :

250 g de chocolat noir

250 g de beurre

250 g de sucre

4 œufs

1 cuillerée à soupe de farine

Matériel :

1 moule à manqué de 25 cm de diamètre

PRÉPARATION : Préchauffer le four à 180°C (th. 6). Casser le chocolat en morceaux, les faire fondre au bain-marie ou dans le four à micro-ondes. Ajouter le beurre coupé en morceaux, lisser, verser le sucre et mélanger énergiquement. Battre les œufs en omelette dans un saladier. Ajouter la farine tamisée et l'incorporer soigneusement au fouet. Verser les œufs battus sur le chocolat et mélanger avec soin. Beurrer le moule, y verser la pâte et le poser dans un bain-marie. enfourner et laisser cuire 20 min.

POUR SERVIR : Retirer du four, laisser tiédir, démouler et laisser refroidir. Servir tel quel ou accompagné d'une crème anglaise.

Vous pouvez aussi réaliser ce gâteau avec du chocolat blanc ou du chocolat au lait. Attendez qu'il soit bien froid pour le découper. À déguster avec du thé vert.

le gâteau d'Eugénie

 6 **15** min **20** min

Ingrédients :

3 cuillerées à soupe de farine

200 g de noix hachées

3 œufs

150 g de beurre

150 g de sucre semoule

150 g de chocolat noir

Matériel :

1 moule à manqué de 18 cm de diamètre

PRÉPARATION : Casser le chocolat en morceaux et les faire fondre avec le beurre au bain-marie. Ajouter le sucre, bien mélanger et retirer du feu. Battre les œufs en omelette, les incorporer doucement au mélange avec les noix et la farine. POUR SERVIR : Beurrer le moule, y verser la préparation, enfourner et laisser cuire 20 min à 180°C (th. 6).

 Ce gâteau est délicieux tiède avec une boule de glace à la vanille, ou froid avec un café corsé. Vous pouvez le cuire dans un moule carré et le découper en carrés à servir avec du fromage blanc battu ou de la marmelade de citron vert.

marbré
au chocolat
et compote de mangues

  4  **20** min **45** min

Pour le gâteau :

225 g de farine

125 g de sucre semoule

125 g de beurre mou

3 œufs

3 cuillerées à soupe de lait

1 cuillerée à café de levure chimique

15 g de cacao en poudre non sucré

1/2 cuillerée à café de vanille liquide

Pour la compote de mangues :

1 mangue de 300 g mûre

100 g de sucre semoule

1 bâton de cannelle

1 étoile de badiane

1 citron vert

Matériel :

1 moule à cake de 25 cm

LE GÂTEAU : Mélanger dans un bol la farine et la levure. Faire tiédir le lait. Mettre le beurre et le sucre dans une terrine, et fouetter le mélange jusqu'à ce qu'il blanchisse. Casser les œufs en séparant les blancs des jaunes, mettre les blancs dans un saladier et laisser les jaunes dans leur demi-coquille. Ajouter les jaunes un par un au mélange beurre-sucre, en versant 1 cuillerée à soupe de farine après chaque jaune et en mélangeant. Incorporer le lait tiédi et mélanger à nouveau. Partager la pâte en deux parts et les mettre dans des bols différents. Verser dans l'un la vanille et dans l'autre le cacao, puis mélanger. Préchauffer le four à 150°C (th. 5) et beurrer le moule. Battre les blancs en neige ferme et les répartir dans les deux pâtes, en en mettant 1 cuillerée de plus dans la pâte au cacao. Répartir les pâtes dans le moule, par cuillerées, en alternant celle à la vanille et celle au cacao. Enfourner et laisser cuire 45 min.

LA COMPOTE DE MANGUES : Pendant ce temps, porter à ébullition dans une casserole 50 cl d'eau avec les épices, un petit ruban de zeste du citron et 1 cuillerée à soupe de jus de citron. Laisser frémir 5 min. Peler la mangue, couper la pulpe en dés de 1 cm de côté, les mettre dans le sirop et laisser cuire encore 10 min, en mélangeant de temps en temps. Retirer du feu, laisser refroidir.

POUR SERVIR : Retirer le marbré du four, le laisser tiédir, puis le démouler et le laisser refroidir. Servir avec la compote de mangues.

entre an

& cha

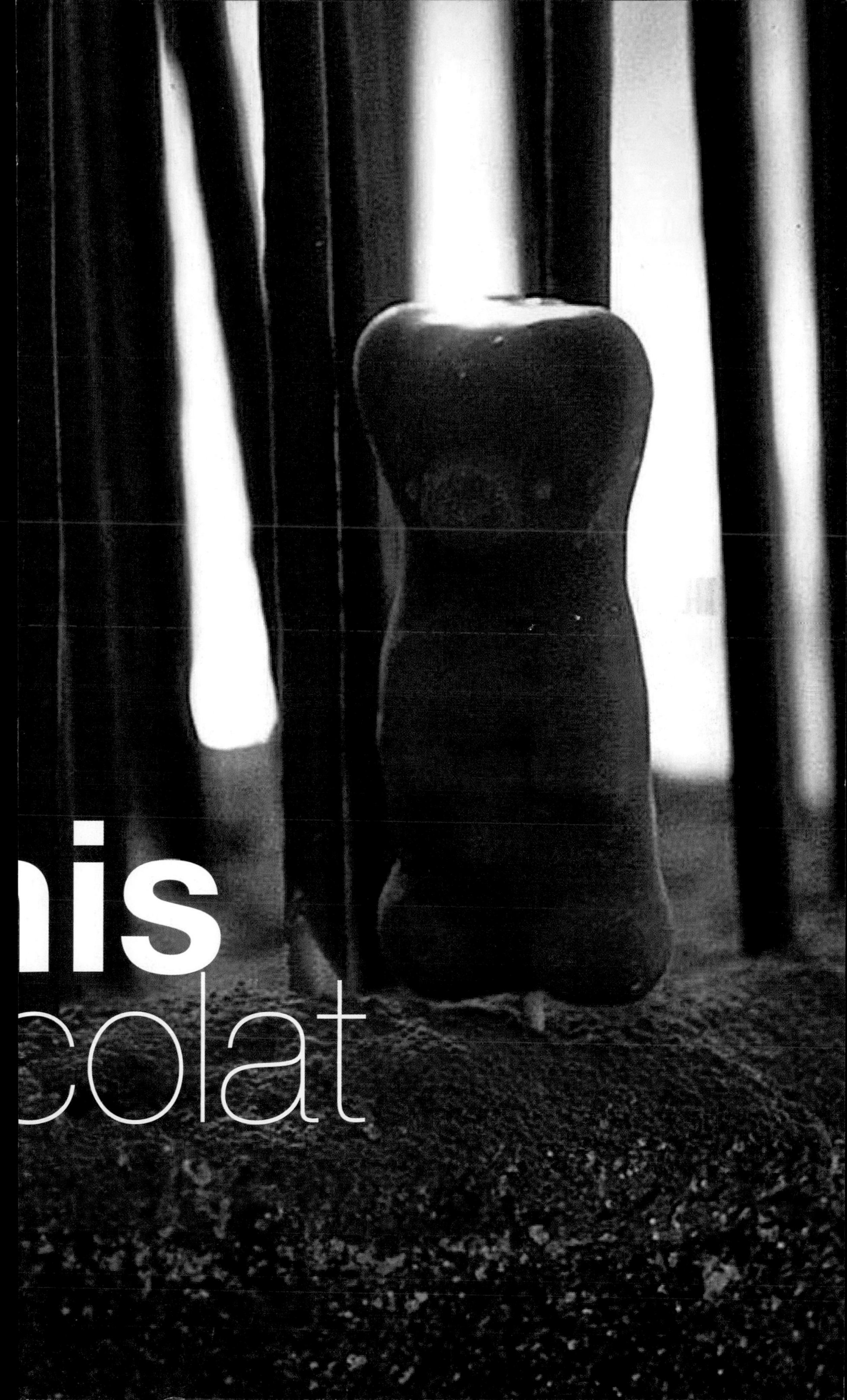
his
colat

les chocos
qui craquent

  8 **10** **min**

Ingrédients :

200 g de chocolat noir

200 g de chocolat blanc

Riz soufflé

PRÉPARATION : Faire fondre séparément le chocolat noir et le chocolat blanc au bain-marie ou au micro-ondes. Poser sur une plaque en silicone plusieurs cuillerées à soupe de riz soufflé, verser dessus 1 cuillerée de chocolat noir ou blanc fondu, les laisser durcir, puis décoller de la plaque les petits tas croustillants et les poser dans des coupelles.

 Servez ce dessert express avec un sorbet à la pomme verte ou une glace vanille. À faire également avec un mélange d'amandes et de noisettes concassées. Ces petits gâteaux se garderont bien au frais dans une boîte hermétique et sont délicieux à servir avec le café.

douceurs
choco-pistache
et crème de matcha

 **6** **10** min **25** min

Pour les gâteaux :

150 g de farine

150 g de sucre

75 g de beurre

75 g de chocolat noir

75 g de chocolat au lait

3 œufs

75 g de pistaches mondées

1/2 cuillerée à café de levure chimique

Pour la crème de matcha :

50 cl de lait

150 g de sucre semoule

1 cuillerée à soupe de Maïzena®

4 jaunes d'œufs

2 cuillerées à café de poudre de thé matcha

Matériel :

12 petits moules à muffins

LES GÂTEAUX : Préchauffer le four à 150°C (th. 5). Beurrer les moules et hacher les pistaches. Casser les deux chocolats en morceaux, les faire fondre au bain-marie ou au micro-ondes, ajouter le beurre et lisser. Casser les œufs dans une terrine, ajouter le sucre et fouetter le mélange jusqu'à ce qu'il blanchisse et double de volume. Ajouter la farine, la levure, le mélange chocolat-beurre, mélanger et ajouter la moitié des pistaches. Parsemer les moules de quelques pistaches, y répartir la pâte et la parsemer du reste de pistaches. Enfourner et laisser cuire 25 min. Laisser reposer 5 min, démouler et laisser refroidir.

LA CRÈME DE MATCHA : Diluer la Maïzena® dans 10 cl de lait froid. Verser le reste de lait dans une casserole et porter à ébullition. Mettre les jaunes et le sucre dans une terrine, fouetter. Ajouter la poudre de thé et la Maïzena® diluée, fouetter, puis verser le lait chaud en mince filet, sans cesser de fouetter. Reverser le tout dans la casserole et faire cuire à feu modéré sans cesser de tourner, jusqu'à ce que la crème nappe une spatule. Retirer du feu et laisser refroidir.

POUR SERVIR : Servir les petits gâteaux accompagnés de cette crème au thé matcha.

chocolat crémeux
à la vanille
et brioches parfumées

  4 **15 min** **15 min**

Pour le chocolat chaud :

200 g de chocolat noir haché

50 cl de lait

1/2 gousse de vanille

Pour les brioches :

4 petites brioches

100 g de beurre mou

1 orange non traitée

50 g de noisettes

50 g de chocolat au praliné

30 g de pistaches décortiquées

LE CHOCOLAT CHAUD : Dans une casserole, porter à ébullition le lait avec 20 cl d'eau et la gousse de vanille. Ajouter le chocolat, porter de nouveau à ébullition et laisser cuire 15 min à feu doux en remuant de temps en temps. Filtrer le chocolat chaud et le laisser refroidir.

LES BRIOCHES : Laver l'orange, la sécher et râper son zeste finement. Le mélanger à la moitié du beurre. Hacher séparément les noisettes, le chocolat au praliné et les pistaches. Couper les brioches en tranches de 1 cm d'épaisseur et les faire légèrement griller. Tartiner la moitié des tranches de beurre à l'orange et les parsemer de noisettes. Tartiner les autres avec le beurre restant et les parsemer de chocolat et de pistaches.

POUR SERVIR : Faire réchauffer le chocolat à feu doux en fouettant pour le rendre mousseux, le verser dans 4 tasses et le servir avec les tranches de brioche. On peut, juste avant de servir, déposer sur chaque tasse 1 cuillerée à café de chantilly légèrement saupoudrée de cacao amer.

panna cotta
aux pépites
de chocolat

  4 **20** min **10** min

Pour les panna cotta :

25 cl de lait

75 cl de crème liquide

1 cuillerée à soupe de sucre semoule

40 g de poudre à flan vanillé

1 gousse de vanille

2 gouttes d'extrait d'amande amère

100 g de pépites de chocolat

Pour la finition :

250 g de chocolat de couverture noir amer

250 g de sucre semoule

1 citron

100 g de cerneaux de noix

(ou de noisettes ou d'amandes)

Matériel :

4 petits moules ou 1 moule de 20 cm de diamètre

LES PANNA COTTA : Dans une casserole, porter à ébullition le lait avec la crème et le sucre. Ajouter la gousse de vanille fendue en deux dans la longueur et l'extrait d'amande amère. Verser 2 cuillerées à soupe de cette préparation dans un bol avec la poudre à flan, et mélanger. Reverser le tout dans la casserole et faire cuire 2 min à feu doux, sans cesser de remuer, jusqu'à ce que le mélange épaississe. Retirer du feu, laisser tiédir, puis retirer la gousse de vanille. Ajouter les pépites de chocolat, mélanger, verser dans les moules et réserver au moins 2 h au réfrigérateur.

LA FINITION : Dans une casserole, mettre 10 cl d'eau avec le sucre et 1 cuillerée à soupe de jus de citron, et faire cuire 3 à 4 min à feu doux jusqu'à l'obtention d'un caramel blond foncé. Retirer du feu, ajouter les fruits secs, les tourner dans le caramel et les retirer aussitôt à l'aide de deux fourchettes. Les poser sur une feuille de papier d'aluminium et les laisser durcir. Casser le chocolat en petits morceaux et les faire fondre au bain-marie à feu doux. Remettre la casserole contenant le reste de caramel à chauffer à feu doux, et ajouter 20 cl d'eau ou 20 cl de café. Laisser bouillir 2 min, incorporer le chocolat fondu et mélanger. Retirer du feu, laisser refroidir et verser dans une saucière.

POUR SERVIR : Au moment de servir, démouler les panna cotta, les décorer des fruits caramélisés et les accompagner de la sauce au chocolat.

trio de crèmes :
chocolat, café,
caramel

  4  **10** min **5/6** min

Pour la crème au chocolat :

50 cl de lait

3 jaunes d'œufs

75 g de sucre semoule

250 g de chocolat noir

20 cl de crème liquide

1 morceau d'écorce d'orange confite

Pour la crème au café :

50 cl de lait

4 jaunes d'œufs

100 g de sucre semoule

30 g de café moulu (moka)

1 bâton de cannelle

30 g de beurre

10 cl de crème fleurette

Pour la crème au caramel :

200 g de sucre semoule

50 g de beurre

50 cl de lait

4 jaunes d'œufs

20 cl de crème liquide

2 feuilles de gélatine (de 2 g chacune)

25 g de pistaches mondées

LA CRÈME AU CHOCOLAT : Râper le chocolat. Porter le lait à ébullition dans une casserole. Dans une terrine, fouetter les jaunes d'œufs avec le sucre jusqu'à ce que le mélange blanchisse, puis verser le lait chaud en un mince filet sans cesser de fouetter. Reverser le tout dans la casserole et faire cuire à feu doux, sans cesser de remuer, jusqu'à ce que la crème nappe la spatule. Filtrer, ajouter le chocolat râpé et l'écorce d'orange finement hachée, et mélanger jusqu'à ce que le chocolat fonde. Laisser refroidir. Fouetter la crème en chantilly, puis l'incorporer délicatement au chocolat. Répartir la crème dans des coupelles et réserver au réfrigérateur jusqu'au moment de servir. Parsemer de petits copeaux de chocolat et accompagner de tuiles au miel.

LA CRÈME AU CAFÉ : Verser le lait dans une casserole avec la cannelle et le café moulu, porter à ébullition et retirer du feu. Couvrir et laisser infuser 20 min, puis filtrer. Dans une terrine, fouetter les jaunes d'œufs avec le sucre jusqu'à ce que le mélange blanchisse, puis verser le lait chaud en un mince filet sans cesser de fouetter. Reverser le tout dans la casserole et faire cuire à feu doux, sans cesser de remuer, jusqu'à ce que la crème nappe la spatule. Filtrer, ajouter le beurre, mélanger et laisser refroidir. Fouetter la crème en chantilly et l'incorporer à la crème au café. Réserver au réfrigérateur jusqu'au moment de servir. Accompagner de tuiles au miel ou de sablés auxquels on aura ajouté quelques grains de café concassés.

LA CRÈME AU CARAMEL : Dans une casserole, faire fondre 150 g de sucre à feu doux jusqu'à l'obtention d'un caramel ambré. Ajouter le beurre, remuer et laisser refroidir. Faire tremper les feuilles de gélatine dans de l'eau froide. Porter le lait à ébullition. Dans une terrine, fouetter les jaunes d'œufs avec le sucre jusqu'à ce que le mélange blanchisse, puis verser le lait chaud en un mince filet sans cesser de fouetter. Reverser le tout dans la casserole et faire cuire à feu doux, sans cesser de remuer, jusqu'à ce que la crème nappe la spatule. Filtrer au-dessus du caramel, ajouter les feuilles de gélatine et laisser refroidir. Fouetter la crème en chantilly et l'incorporer à la crème au caramel. Réserver au réfrigérateur jusqu'au moment de servir. Parsemer de pistaches hachées.

couronne
de mousse légère
et fontainebleaux

 6 **20** min

Ingrédients :

2 paquets de biscuits à la cuiller

12 pots de mousse au chocolat

20 g de palets chocolat moka (chez les chocolatiers et confiseurs)

5 fontainebleaux

1 pot de Griottines® (dans les épiceries fines)

1 feuille d'angélique confite

Matériel :

1 moule à charlotte

Une recette facile pour les goûters impromptus. Vous pouvez remplacer les fontainebleaux par de la chantilly en bombe ou des meringues émiettées. Les Griottines® peuvent aussi être remplacées par des framboises surgelées. Si vous voulez faire vos propres palets, faites fondre une plaque de chocolat noir que vous étalerez chaud sur une plaque de silicone. Laissez refroidir et découpez des palets avec un emporte-pièce ou un couteau aiguisé.

PRÉPARATION : Répartir les biscuits à la cuiller autour du moule à charlotte. À l'aide d'une spatule, tapisser le fond de la charlotte de mousse au chocolat ; ne pas la tasser pour lui conserver sa légèreté. Disposer les palets de chocolat à la verticale le long des bords, en les chevauchant légèrement et en les manipulant le moins possible car ils sont très fragiles.

POUR SERVIR : Dégager les fontainebleaux de leur mousseline et les poser délicatement sur la mousse au chocolat à l'aide d'une grande cuillère. Parsemer de Griottines®. Décorer avec des feuilles découpées dans l'angélique confite. Réserver au réfrigérateur jusqu'au moment de servir.

mousse légère
au chocolat
et gingembre confit

Ingrédients :

65 g de chocolat noir dessert

1 feuille de gélatine (2 g)

1 œuf entier + 1 blanc

1/2 orange à jus

2 cubes de gingembre confit

Lamelles de gingembre confit

PRÉPARATION : Faire tremper les feuilles de gélatine dans un bol d'eau froide. Casser le chocolat en petits morceaux et les faire fondre à feu très doux. Presser la demi-orange et verser le jus dans une casserole. Porter à ébullition, retirer aussitôt du feu et ajouter la gélatine égouttée, en remuant pour bien la dissoudre. Mélanger le chocolat fondu et le jus d'orange avec une cuillère en bois. Hacher grossièrement le gingembre confit au couteau et l'ajouter au mélange. Verser le jaune d'œuf dans le chocolat et mélanger au fouet. Monter le blanc en neige ferme, l'incorporer délicatement au chocolat avec des mouvements de bas en haut.

POUR SERVIR : Répartir la mousse au chocolat dans 2 verres et laisser prendre au moins 2 h au réfrigérateur. Servir décoré de lamelles de gingembre confit.

Vous pouvez faire fondre le chocolat au micro-ondes : comptez 1 min à puissance moyenne.

la charlotte
chocolat
et fruits de Sophie

  4 20 min 4/5 min

Pour la mousse au chocolat :

20 biscuits à la cuiller

250 g de chocolat noir

2,5 cl de crème liquide

40 g de sucre semoule

2 œufs + 2 jaunes

Pour le sirop :

50 g de sucre semoule

2 cuillerées à soupe de rhum

Pour la décoration :

150 g de fruits rouges

(framboises, fraises des bois, groseilles)

Sucre glace

Matériel :

Un moule à charlotte de 15 cm de diamètre

LE SIROP : Dans une casserole, porter à ébullition 20 cl d'eau avec le sucre, jusqu'à ce que le sucre soit fondu. Retirer du feu, verser le rhum et laisser refroidir.

LA MOUSSE AU CHOCOLAT : Hacher finement le chocolat et le mettre dans un saladier. Porter la crème à ébullition, la verser sur le chocolat, laisser reposer 2 min, puis lisser. Casser les œufs en séparant les blancs des jaunes. Mettre les blancs dans une terrine et tous les jaunes dans un saladier. Fouetter les jaunes avec 20 g de sucre, puis les blancs en neige très ferme avec le reste de sucre. Verser les jaunes d'œufs sucrés sur le chocolat, bien mélanger, puis incorporer les blancs.

LE MONTAGE DE LA CHARLOTTE : Tapisser le moule de film alimentaire. Tremper rapidement les biscuits dans le sirop et les disposer sur les bords et au fond du moule. Verser la mousse et terminer par une couche de biscuits. Réserver la charlotte toute la nuit au réfrigérateur et laisser prendre jusqu'au lendemain.

LA DÉCORATION : Démouler la charlotte sur un plat, la saupoudrer de sucre glace et la décorer de fruits rouges.

gâteau au chocolat
Mikado®

 6  **15** min **35** min

Ingrédients :

150 g de chocolat

125 g de beurre

125 g de poudre d'amandes

4 œufs

125 g de sucre semoule

Cacao en poudre

Mikado® au chocolat noir et au lait

Matériel :

1 moule à manqué de 24 cm de diamètre

PRÉPARATION : Beurrer le moule et préchauffer le four à 180°C (th. 6). Faire fondre le chocolat au bain-marie. Hors du feu, incorporer le beurre coupé en morceaux, lisser, puis ajouter la poudre d'amandes et mélanger. Casser les œufs en séparant les blancs des jaunes. Fouetter les jaunes avec 75 g de sucre et les ajouter au chocolat. Fouetter les blancs en neige ferme avec le reste de sucre et les incorporer délicatement à la préparation au chocolat. Verser la pâte dans le moule, enfourner et laisser cuire 35 min. Laisser reposer 5 min avant de démouler.

POUR SERVIR : Saupoudrer de cacao en poudre et piquer le gâteau de Mikado® au chocolat noir et au lait.

tartelettes au chocolat
et aux fruits secs
caramélisés

 4 **15** min **35** min

Pour la pâte :

1 pâte brisée étalée

Pour la garniture :

80 g de noisettes

80 g de noix

50 g de pignons de pin

150 g de sucre semoule

250 g de chocolat noir amer

10 cl de crème liquide

Matériel :

4 moules à tartelettes de 12 cm de diamètre

Papier sulfurisé

Légumes secs ou billes spéciales pâtisserie

Préparez ces tartelettes à l'avance en variant les parfums : chocolat au lait, chocolat blanc, amandes, pistaches. Elles seront parfaites pour un goûter d'enfants.

LA PÂTE : Préchauffer le four à 210°C (th. 7). Beurrer les moules, les garnir de pâte et piquer les fonds de tarte. Réserver 15 min au congélateur. Déposer le papier sulfurisé et les légumes secs sur les fonds de tarte, enfourner et laisser cuire 10 min. Retirer les légumes secs et le papier, faire cuire 5 min supplémentaires et retirer du four.

LA GARNITURE : Hacher les fruits secs. Verser le sucre dans une casserole, ajouter 10 cl d'eau et laisser cuire jusqu'à obtention d'un caramel à peine blond. Retirer du feu, y verser les fruits secs hachés, mélanger, verser sur le fond de tarte et étaler rapidement. Dans une casserole, porter la crème à ébullition, puis ajouter le chocolat coupé en morceaux et laisser fondre. Retirer du feu, mélanger, puis laisser tiédir et verser sur la tarte. Lisser le dessus et attendre que le chocolat soit redevenu froid avant de servir.

tarte au chocolat
de Caroline

 6 **20** min **45** min

Ingrédients :

200 g de chocolat noir

180 g de sucre semoule

175 g de beurre

3 cuillerées à soupe de farine

4 œufs

1 pincée de sel

1 cuillerée à soupe d'amandes effilées

Matériel :

1 moule à tarte en Pyrex®
de 26 cm de diamètre

PRÉPARATION : Préchauffer le four à 160°C (th. 5-6). Hacher grossièrement le chocolat, le mettre dans un bol et le faire fondre au bain-marie. Ajouter le beurre coupé en morceaux et le sucre, bien mélanger. Casser les œufs en séparant les blancs des jaunes. Incorporer 1 œuf entier et 3 jaunes au mélange précédent, puis verser la farine. Battre les blancs en neige avec le sel et les incorporer à la crème au chocolat en soulevant délicatement la masse. Beurrer et fariner légèrement le moule, y verser la pâte et saupoudrer d'amandes effilées. Enfourner et laisser cuire 45 min. Laisser tiédir avant de servir.

 Battez les blancs très lentement et très fermement : c'est le meilleur moyen pour qu'ils soient moelleux et qu'ils tiennent bien à la cuisson. Accompagnez cette tarte de crème fouettée, de glace à la vanille ou encore de crème anglaise. Préparez la tarte la veille : elle n'en sera que meilleure.

comme dim & cho

truffes
de grand-mère

20 truffes — **30** min — **10** min

Ingrédients :

200 g de chocolat
25 cl de crème liquide
50 g de beurre
Vanille liquide ou rhum
Cacao en poudre
Sucre glace
Roses et violettes en sucre

PRÉPARATION : Hacher le chocolat et le mettre dans un saladier. Faire chauffer la crème liquide, la verser très chaude sur le chocolat et fouetter jusqu'à ce que le mélange soit lisse et onctueux. Incorporer le beurre et la vanille liquide. Laisser refroidir la préparation avant de la mettre au réfrigérateur 1 h à 2 h.

POUR SERVIR : Lorsque le mélange est ferme, prélever des petites cuillères de la préparation, les rouler en boules, les passer dans du cacao puis dans du sucre glace, et les déposer dans une coupe. Décorer de roses et de violettes en sucre.

poires au chocolat
et abricot, crème glacée
à la châtaigne

 6 20 min 5 min

Ingrédients :

6 poires Conférence

Le jus de 2 citrons

200 g de sucre

175 g de chocolat de couverture

20 cl de crème fleurette

Pâte d'abricot

(produit grec en vente dans les épiceries spécialisées)

180 g de pistaches décortiquées et hachées

18 abricots moelleux

Crème glacée à la châtaigne

PRÉPARATION : Éplucher les poires en gardant leur queue, les arroser avec la moitié du jus de citron. Dans une casserole à bord haut, porter à ébullition 75 cl d'eau avec le sucre et le reste de jus de citron. Laisser frémir 5 min, y faire pocher les poires 15 min, puis les laisser refroidir dans leur jus de cuisson.

Porter la crème fleurette à ébullition. Pendant ce temps, couper le chocolat en petits morceaux et les faire fondre au bain-marie avec un peu du jus de cuisson des poires, en remuant de temps en temps. Lorsque le chocolat est fondu, lui incorporer la crème fleurette et réserver au chaud.

POUR SERVIR : Découper dans une feuille de pâte d'abricot 6 carrés de 7 cm de côté et les disposer sur 6 assiettes. Déposer 1 poire égouttée sur chacun, la napper de sauce au chocolat à l'aide d'un pinceau plat, puis la saupoudrer de pistaches. Entourer de 3 abricots ouverts en deux. Disposer enfin une boule de crème glacée à la châtaigne sur la pâte d'abricot, à côté de la poire.

les trois
mousses

  4 **20** min **10** min

Pour la mousse au chocolat noir :

250 g de chocolat de couverture noir

25 cl de crème liquide

3 œufs

50 g de sucre semoule

Pour la mousse au chocolat au lait :

250 g de chocolat au lait

ou de chocolat au praliné Gianduja

15 cl de crème liquide

50 g de beurre mou

Pour la mousse blanche :

250 g de chocolat blanc

15 cl de crème fleurette

20 cl de lait

Pour la décoration :

Billes de houx en sucre

Matériel :

1 poche à douille de 2 cm de diamètre

LA MOUSSE BLANCHE : Dans une casserole, faire bouillir le lait puis le retirer du feu. Casser le chocolat blanc en morceaux, les mettre dans un saladier et les faire fondre au bain-marie, sans y toucher. Retirer ensuite le saladier du bain-marie et y verser le lait en remuant, de façon à bien l'incorporer. Fouetter la crème, pas trop ferme, l'incorporer au mélange précédent et répartir la mousse dans 4 tasses transparentes. Laisser prendre au réfrigérateur.

LA MOUSSE AU CHOCOLAT AU LAIT : Casser le chocolat au lait en morceaux, les mettre dans un saladier et les faire fondre au bain-marie. Lisser le chocolat fondu, y incorporer le beurre coupé en morceaux, mélanger et lisser. Fouetter la crème en chantilly, l'incorporer délicatement au mélange précédent en soulevant la masse. Laisser refroidir, la verser dans la poche à douille et la répartir dans les tasses sur la mousse blanche. Remettre au réfrigérateur.

LA MOUSSE AU CHOCOLAT NOIR : Casser les œufs en séparant les blancs des jaunes, mettre les blancs dans un saladier et les jaunes dans un bol. Casser le chocolat noir en morceaux, les mettre dans un saladier et les faire fondre au bain-marie, sans y toucher. Mélanger pour avoir une crème bien lisse. Faire tiédir la crème liquide et l'incorporer au chocolat. Hors du feu, ajouter les jaunes un par un, sans cesser de remuer, et laisser tiédir. Fouetter les blancs en neige bien ferme en ajoutant le sucre à la mi-temps, et les mélanger délicatement à l'aide d'un fouet à la crème au chocolat. Verser la mousse dans la poche à douille et la répartir en volutes sur la mousse au chocolat au lait dans les tasses. Mettre au réfrigérateur et laisser durcir au moins 3 h avant de servir. Décorer avec des petites billes de houx en sucre.

îles
aux trois
chocolats

 **6** **20** min **3/4** min

Pour les tuiles :

250 g de chocolat de couverture noir amer

50 g d'amandes concassées

20 g de pistaches

Pour la crème :

200 g de chocolat noir

150 g de crème fraîche liquide

Pour la sauce :

200 g de chocolat blanc

20 cl de crème fraîche liquide

100 g de pistaches mondées

Pour la décoration :

Étoiles de carambole

Pistaches

LES TUILES : Étaler sur le plan de travail une grande feuille de film alimentaire ou de papier d'aluminium. Hacher les pistaches. Faire fondre le chocolat au bain-marie ou au micro-ondes (1 min 30 à puissance maximale). Le lisser, en verser 1 cuillerée à café sur le film et l'étaler de manière à former un disque de 6 à 7 cm de diamètre. Parsemer de pistaches et d'amandes. Renouveler l'opération pour former 18 disques. Laisser durcir au réfrigérateur.

LA CRÈME : Casser le chocolat en morceaux. Dans une casserole, faire chauffer doucement la crème, puis ajouter les morceaux de chocolat et les laisser fondre 1 min. Retirer du feu et lisser le mélange. Réserver 1 heure au réfrigérateur afin que la crème durcisse.

LA SAUCE : Casser le chocolat blanc en petits morceaux. Mettre les pistaches dans le bol d'un robot et les réduire en fine poudre. Dans une petite casserole, faire chauffer doucement la crème, puis ajouter la poudre de pistaches et mélanger. Incorporer les morceaux de chocolat, les laisser fondre doucement et lisser le mélange.

LE MONTAGE DES ÎLES : Décoller délicatement les tuiles du film alimentaire. Mettre la crème dans une poche à douille munie d'une petite douille cannelée et garnir 12 tuiles de petits pics de crème. Superposer dans chaque assiette 2 tuiles garnies de crème, et déposer dessus une troisième tuile sans mousse. Entourer de sauce au chocolat blanc, décorer d'étoiles de carambole et de pistaches entières, et servir aussitôt.

gâteau rayé
chocolat-orange

 6 **30** min **25** min

Pour les biscuits :

150 g de farine

175 g de sucre semoule

200 g de beurre mou

3 œufs

1 orange non traitée

75 g de chocolat au praliné

1 noix de beurre pour le moule

Pour la crème au chocolat :

75 g de chocolat noir à l'orange

75 g de chocolat au lait

150 g de beurre

3 œufs

100 g de sucre semoule

Pour la décoration :

Cacao en poudre

Zestes d'orange confits

Matériel :

1 moule à manqué de 22 cm de diamètre

LES BISCUITS : Préchauffer le four à 180°C (th. 6). Râper le chocolat à l'aide d'une râpe à gros trous. Verser la farine dans une terrine et râper au-dessus, à l'aide d'une râpe fine, le zeste de l'orange. Mettre le beurre et le sucre dans une terrine, et travailler le mélange jusqu'à ce qu'il blanchisse. Ajouter les œufs un par un en versant 1 cuillerée à soupe de farine parfumée après chaque œuf, puis incorporer le reste de farine et le chocolat râpé. Bien mélanger le tout et partager la pâte en quatre. Beurrer le moule, y verser un quart de la pâte, enfourner et laisser cuire 8 min. Retirer du four, démouler le biscuit et le laisser refroidir. Procéder de la même façon avec les trois autres parts de pâte et les laisser refroidir à plat, sans les superposer.

LA CRÈME AU CHOCOLAT : Casser les œufs en séparant les blancs des jaunes. Détailler les deux chocolats en petits morceaux, les mettre dans un saladier et les faire fondre au bain-marie ou au micro-ondes. Ajouter le beurre puis les jaunes, un par un. Lisser le mélange et le laisser tiédir. Fouetter les blancs en neige, ajouter le sucre, puis les incorporer délicatement au chocolat en soulevant la masse.

LE MONTAGE DU GÂTEAU : Tapisser le moule qui a servi à cuire les biscuits de film alimentaire, déposer au fond une part de biscuit, recouvrir d'un tiers de la crème, et ainsi de suite, en terminant par le biscuit. Tasser légèrement et réserver au moins 2 h au réfrigérateur. Pour servir, saupoudrer le gâteau de cacao, le couper en tranches et le décorer de zestes d'orange confits.

le
« diamant noir »

 5/6 **30** min **50** min

Pour le biscuit :

150 g de chocolat noir

3 œufs

120 g de sucre semoule

100 g de beurre mou

75 g de farine

1 cuillerée à café de levure chimique

Pour la crème au café :

40 cl de lait

4 jaunes d'œufs

80 g de sucre semoule

30 g de Maïzena®

2 feuilles de gélatine (de 2 g chacune)

Extrait de café

Pour la décoration bijoux :

Cacao en poudre non sucré

Petits copeaux de chocolat

1 grosse bouchée pralinée

1 feuille d'or

LE BISCUIT : Préchauffer le four à 160°C (th. 5-6). Casser le chocolat en morceaux et les faire fondre au bain-marie ou au micro-ondes. Casser les œufs en séparant les blancs des jaunes, mettre les jaunes dans une terrine et les blancs dans un saladier. Verser le sucre sur les jaunes et fouetter le mélange jusqu'à ce qu'il blanchisse. Ajouter le beurre sans cesser de fouetter, puis verser le chocolat et mélanger. Incorporer la farine et la levure en les tamisant. Fouetter les blancs en neige ferme et les incorporer délicatement au mélange précédent. Verser la pâte dans le moule, enfourner et laisser cuire 30 min, puis baisser la température du four à 120°C (th. 4) et laisser cuire encore 10 min.

LA CRÈME AU CAFÉ : Faire tremper les feuilles de gélatine dans l'eau froide. Verser le lait dans une casserole, porter à ébullition, puis retirer du feu. Dans un saladier, fouetter les jaunes avec le sucre et la Maïzena® jusqu'à ce que le mélange blanchisse, puis ajouter le lait sans cesser de fouetter. Reverser le tout dans la casserole et faire cuire à feu modéré, en continuant de fouetter, jusqu'à ce que la crème épaississe. Hors du feu, ajouter l'extrait de café et les feuilles de gélatine égouttées. Verser dans un saladier et laisser refroidir en remuant de temps en temps.

LA DÉCORATION : Retirer le biscuit du four et le démouler sur une grille à pâtisserie. Appuyer au centre du gâteau et poser un poids dessus afin d'obtenir un creux où poser le décor, laisser refroidir. Le couper en trois dans l'épaisseur. Poser successivement sur une planche la base du biscuit, la moitié de la crème au café, la deuxième tranche de biscuit, le reste de crème et la troisième tranche. Réserver au moins 2 h au réfrigérateur. Saupoudrer le gâteau de cacao tamisé et le poser sur un plat de service. Rouler la bouchée pralinée dans la feuille d'or, la poser au centre et disposer autour les copeaux. Réserver au réfrigérateur jusqu'au moment de servir.

biscuit au chocolat,
délice d'amandes et framboises

 10 **20** min **10** min

Ingrédients :

1 boîte de préparation de gâteau au chocolat

2 œufs moyens

20 cl de lait demi-écrémé

200 g de framboises

1 pot de confiture de framboises

1 litre de glace à l'amande ou aux noisettes

1 cuillerée à soupe d'amandes effilées

1 zeste d'orange non traitée

Matériel :

1 emporte-pièce de 9 cm et 1 emporte-pièce de 6 cm

1 plaque à revêtement antiadhésif de 35 cm x 21 cm et 2 cm de hauteur

PRÉPARATION : Préchauffer le four à 210°C (th. 7). Mélanger les œufs et le lait à la préparation pour gâteau au chocolat, et fouetter. Tapisser la plaque de papier cuisson. Y verser la pâte en l'étalant de manière régulière à l'aide d'une spatule. Enfourner et laisser cuire 10 à 12 min environ, en surveillant la cuisson. Laisser tiédir le biscuit. Pendant ce temps, faire dorer les amandes dans une poêle à revêtement antiadhésif. Détailler le zeste d'orange en fins bâtonnets, les plonger 1 min dans de l'eau bouillante, les passer sous l'eau froide, les égoutter.

Découper 10 disques de 9 cm de diamètre et 10 disques de 6 cm de diamètre dans le biscuit au chocolat, les superposer en intercalant une couche de confiture de framboises.

POUR SERVIR : Disposer les gâteaux sur des assiettes, ajouter une boule de glace, parsemer de zestes d'orange, puis entourer de framboises et d'amandes grillées.

 Pour un goûter d'enfants, alternez les parfums de glace et utilisez différentes confitures ou marmelades : orange, citron, gelée de groseilles ou de melon.

gâteau roulé
au chocolat
et à la mousse pralinée

  8 30 min 15 min

Pour le biscuit :

120 g de farine

120 g de sucre semoule

4 œufs

30 g de cacao en poudre

1/2 cuillerée à café de levure chimique

2 pincées de vanille en poudre

Pour le sirop :

50 g de sucre semoule

10 cl de Grand Marnier® ou de rhum

Pour la mousse pralinée :

200 g de chocolat au praliné Gianduja

75 g de chocolat noir

75 g de pralin

15 cl de crème fraîche

3 blancs d'œufs

2 feuilles de gélatine (de 2 g chacune)

1 sachet de sucre vanillé

Pour la décoration :

cacao en poudre

LE BISCUIT : Préchauffer le four à 210°C (th. 7) et couvrir une plaque à pâtisserie de 30 cm x 40 cm de papier cuisson. Casser les œufs en séparant les blancs des jaunes, mettre les blancs dans un saladier et les jaunes dans une terrine. Verser le sucre sur les jaunes, fouetter le mélange jusqu'à ce qu'il blanchisse, puis incorporer la farine, la levure, le cacao et la vanille. Fouetter les blancs en neige et les incorporer à la préparation précédente en soulevant la masse. Étaler la pâte sur la plaque, enfourner et laisser cuire 10 min.

Pendant ce temps, mouiller un torchon, l'essorer et l'étaler sur le plan de travail. Lorsque le biscuit est cuit, le retourner sur le torchon et retirer le papier cuisson. Rouler le biscuit avec le torchon par le petit côté du rectangle, puis le laisser refroidir pendant au moins 1 h.

LE SIROP : Verser le sucre dans une casserole, ajouter 20 cl d'eau, porter à ébullition et laisser fondre le sucre. Retirer du feu, laisser refroidir et ajouter le Grand Marnier®.

LA MOUSSE PRALINÉE : Faire tremper les feuilles de gélatine 10 min dans de l'eau froide. Casser les deux chocolats en petits morceaux et les mettre dans un saladier. Dans une petite casserole, porter la crème à ébullition, puis ajouter les feuilles de gélatine égouttées et mélanger. Retirer du feu, verser sur les morceaux de chocolat, laisser reposer 3 à 4 min, puis lisser. Ajouter le pralin et mélanger. Fouetter les blancs en neige, ajouter le sucre vanillé, fouetter à nouveau quelques secondes, puis les incorporer délicatement au chocolat en soulevant la masse. Laisser prendre légèrement.

LE MONTAGE DU GÂTEAU : Dérouler le biscuit sur un rectangle de film alimentaire. Imbiber légèrement la surface de sirop et la recouvrir de mousse pralinée. Enrouler le biscuit sur lui-même en l'enveloppant dans le film, serrer légèrement et réserver pendant au moins 8 h au réfrigérateur. Retirer le film, saupoudrer le roulé de cacao et servir frais.

moelleux au chocolat
des bords de Saône

 6 **15** min **8** min

Pour les moelleux :

6 œufs

250 g de chocolat

125 g de beurre

80 g de farine

100 g de sucre semoule

Pour la décoration :

Sucre glace

20 cl de curaçao bleu

10 cl de Grand Marnier®

3 cuillerées à soupe de fécule

Matériel :

6 ramequins de 10 cl de contenance

LES MOELLEUX : Préchauffer le four à 190°C (th. 6-7). Casser les œufs dans un saladier et les fouetter avec la moitié du sucre jusqu'à ce que le mélange blanchisse et forme un ruban. Casser le chocolat et couper le beurre en morceaux. Faire fondre le chocolat et le beurre au bain-marie, ajouter la farine et le reste de sucre, et mélanger. Incorporer cette préparation au mélange œufs-sucre. Beurrer et fariner les ramequins, y verser la pâte. Enfourner et faire cuire 8 min.

LA DÉCORATION : Pendant ce temps, faire bouillir le curaçao, lui incorporer 2 cuillerées à soupe de fécule et laisser refroidir. Renouveler cette opération avec le Grand Marnier® et le reste de fécule.

Lorsque les moelleux sont cuits, les laisser reposer 5 min, les démouler, puis les saupoudrer de sucre glace. Faire des vagues bleues et crème au fond des assiettes à l'aide d'une poche à douille. Déposer 1 mœlleux chaud au centre et servir.

tartelettes aux noix et
au chocolat

 6 **20** min **20** min

Pour la pâte :

250 g de pâte sucrée étalée

20 g de beurre

Pour le fond de tarte :

125 g de cerneaux de noix (ou 2 cuillerées à soupe
de pâte de noix de La Noix Gaillarde)

125 g de sucre

2 œufs

Pour la garniture :

125 g de chocolat

125 g de noix

3 cuillerées à soupe de miel d'acacia

1 cuillerée à soupe de pâte de noix

Matériel :

6 moules à tartelettes de 8 cm de diamètre

LA PÂTE : Préchauffer le four à 210°C (th. 7).
Beurrer les moules, les garnir de pâte et piquer
les fonds de tarte avec une fourchette.

LE FOND DE TARTE : Mettre la moitié des cerneaux
de noix dans le bol d'un mixeur et les réduire en fine
poudre. Casser les œufs dans une terrine, ajouter
le sucre et fouetter le mélange jusqu'à ce
qu'il blanchisse. Incorporer la poudre de noix
et mélanger à nouveau. Répartir dans les moules,
enfourner et laisser cuire 20 min.

LA GARNITURE CHOCOLAT-NOIX : Pendant
ce temps, casser le chocolat en morceaux et les faire
fondre au bain-marie. Ajouter la pâte de noix,
mélanger, puis retirer du feu. Lorsque les tartelettes
sont cuites, les retirer du four. Verser le chocolat
sur la moitié des tartelettes, laisser reposer 10 min,
puis y déposer la moitié des cerneaux de noix.
Décorer de quelques filets de chocolat et laisser
refroidir avant de servir. Laisser refroidir les autres
tartelettes, déposer le reste des cerneaux de noix
et napper de miel au dernier moment.

c'est mo
le c
& choco

i

hef !

at

macaron
au chocolat
à l'ancienne

par Jean-Paul Hévin

  4   15 min   20 min

Pour le macaron :

180 g de poudre d'amandes

500 g de sucre semoule

85 g de farine

8 blancs d'œufs

Sucre glace

Pour la ganache :

500 g de chocolat noir

500 g de crème fleurette

500 g de beurre mou

30 g de cacao

Pour le montage :

Sucre glace

Copeaux de chocolat

Cacao

Matériel :

1 poche à douille

1 douille de 14 mm

Papier sulfurisé

LE MACARON : Allumer le four à 150°C (th. 5). Verser dans une terrine la poudre d'amandes, la farine, 250 g de sucre et mélanger. Mettre les blancs dans un saladier et les battre en neige ferme, ajouter le sucre restant et fouetter encore quelques secondes. Verser les blancs battus dans la terrine et les incorporer délicatement. Remplir la poche à douille (munie de la douille) de la préparation et former deux cercles de même diamètre sur du papier sulfurisé posé sur une plaque à pâtisserie. Poudrer de sucre glace, glisser au four et laisser cuire 20 minutes. Puis poser sur une grille à pâtisserie et laisser refroidir.

LA GANACHE : Verser la crème fleurette dans une casserole et la porter à ébullition, ajouter le chocolat en morceaux et faire fondre à feu très doux. Quand le chocolat est fondu, retirer du feu, lisser la préparation, ajouter le cacao et laisser refroidir. Fouetter la ganache et incorporer le beurre.

LE MONTAGE DU GÂTEAU : Poser un cercle de biscuit sur une assiette, ajouter une couche de ganache de 1/2 cm, poser dessus le second cercle de biscuit, glisser au four et laisser durcir une demi-journée. Avant de servir, répartir des petits copeaux de chocolat autour du gâteau, poudrer le tiers de la surface du gâteau de sucre glace et le reste de cacao.

chocolat
chaud
au gingembre

par Eric Ripert

 4 **15** min **5/8** min

Ingrédients :

1 racine de gingembre

75 cl de lait

25 cl de crème épaisse

80 g de sucre semoule

2 graines de cardamome verte

170 g de chocolat noir à 65 % de cacao

6 cl de rhum ambré (facultatif)

PRÉPARATION : Peler et émincer 7 cm de racine de gingembre, la mettre dans une casserole avec le lait, la crème épaisse, le sucre et les graines de cardamome. Porter à ébullition, puis retirer du feu, couvrir, et laisser infuser 10 min. Couper le chocolat en morceaux, l'ajouter à l'infusion et le laisser fondre en mélangeant bien.

POUR SERVIR : Ajouter le rhum ambré (facultatif) et filtrer la préparation. Remettre sur le feu. Servir bien chaud.

 Servez ce chocolat chaud au goûter ou au dessert avec des tuiles aux amandes ou une tranche de brioche. Vous pouvez remplacer le gingembre par quelques gouttes d'huile essentielle d'orange ou de menthe.

chocolat chaud
aux épices

par Roland Durand

  4/8   **5** min **20** min

Ingrédients :

220 g de chocolat noir

50 cl de lait

5 cl de crème liquide

20 g de cacao en poudre

1 gousse de vanille

1 pointe de couteau de cardamome en poudre

1 pointe de couteau de cannelle en poudre

1 pointe de couteau de gingembre en poudre

30 g de beurre salé

2 tranches de brioche rassise

PRÉPARATION : Porter le lait à ébullition avec la gousse de vanille fendue. Laisser infuser 5 min hors du feu, puis retirer la vanille. Hacher le chocolat, le faire fondre dans le lait et incorporer le cacao en poudre en fouettant. Ajouter la crème et chauffer doucement sans cesser de remuer. Dès l'ébullition, retirer du feu, ajouter les épices et le beurre, et mélanger au fouet. Couper la brioche en dés de 1 cm de côté, les faire sécher au four.

POUR SERVIR : Verser le chocolat chaud dans de petits bols et parsemer des croûtons de brioche.

 Vous pouvez remplacer la brioche par des palets bretons. Une version légère de la recette peut se faire avec du lait écrémé, de la crème à 5 % de matières grasses et 15 g de beurre allégé salé.

pâte à crêpes
au chocolat

par Pierre Hermé

  10/12 crêpes **10** min **3** min

Pour la pâte à crêpes :

25 cl de lait

80 g de farine

20 g de sucre semoule

20 g de cacao en poudre

3 cuillerées à soupe de bière

30 g de beurre

2 œufs

Pour la garniture :

Pâte à tartiner

Confiture de framboises

Huile

Matériel :

1 poêle à revêtement antiadhésif
de 18 cm de diamètre

LA PÂTE À CRÊPES : Tamiser ensemble la farine et la poudre de cacao dans un saladier suffisamment grand pour pouvoir contenir tous les ingrédients. Ajouter le sucre au fouet. Dans un autre saladier, battre le lait et les œufs juste pour les mélanger, puis ajouter la bière et le beurre fondu. Incorporer ce mélange à la première préparation en fouettant. Réserver la pâte toute la nuit au réfrigérateur.

LA GARNITURE : Au moment de faire les crêpes, battre doucement la pâte de manière à mélanger les ingrédients. Si elle est trop épaisse, ajouter une petite goutte de lait, mais pas plus à chaque fois. Huiler la poêle à crêpes et la faire chauffer à feu moyen ; dès qu'elle est chaude, y verser une petite louche de pâte. Renouveler l'opération jusqu'à épuisement de la pâte et réserver les crêpes au chaud. Tartiner la moitié avec la confiture de framboises, l'autre moitié avec la pâte à tartiner, les plier en quatre.

 Préparez plus de pâte que vous n'en aurez besoin et congelez les crêpes restantes. Elles seront idéales pour un dessert improvisé. Servez-les chaudes après les avoir décongelées dans un peu de marmelade d'orange avec 1 cuillerée à café de liqueur d'orange.

boules chocolatées
aux amandes effilées

par Jean-Paul Hévin

  6 **10** min **40** min

Ingrédients :

200 g de chocolat noir

125 g de beurre mou

125 g de sucre semoule

100 g de poudre d'amandes

50 g de farine

4 œufs

125 g d'amandes effilées

1/2 cuillerée à café de zestes d'agrumes séchés

1 cuillerée à soupe d'eau de fleur d'oranger

Sucre glace

Matériel :

6 petits moules de 8 cm de diamètre

PRÉPARATION : Beurrer les moules et parsemer le fond et la paroi de quelques amandes effilées. Casser le chocolat en morceaux et les faire fondre au bain-marie ou au micro-ondes. Ajouter l'eau de fleur d'oranger et lisser. Mélanger la farine avec la poudre d'amandes, les zestes concassés et les amandes effilées (en réserver 1 cuillerée à soupe). Préchauffer le four à 180°C (th. 6). Casser les œufs en séparant les blancs des jaunes. Mettre le sucre et le beurre dans un saladier, fouetter le mélange, ajouter les jaunes un par un, fouetter et lisser. Incorporer le mélange à base de farine, puis le chocolat parfumé. Fouetter les blancs en neige ferme et les incorporer délicatement à la préparation précédente. Répartir la pâte dans les moules et parsemer du reste d'amandes effilées. Enfourner et laisser cuire 40 min environ. Retirer du four, laisser reposer 5 min, puis démouler et laisser refroidir.

POUR SERVIR : Saupoudrer les gâteaux de sucre glace, et les servir tels quels ou accompagnés d'une sauce chocolat-caramel.

crème anglaise
au chocolat

par Pierre Hermé

4/8 | **5** min | **20** min

Ingrédients :

1 litre de lait

180 g de sucre semoule

100 g de chocolat noir

12 jaunes d'œufs

2 gousses de vanille

 Pour épater vos amis, disposez dans des coupes individuelles quelques mini-meringues aux amandes, quelques fraises ou petits morceaux de poire et versez dessus 2 cuillerées de crème anglaise.

PRÉPARATION : Fendre les gousses de vanille en deux dans la longueur et gratter l'intérieur à l'aide d'un petit couteau. Mettre graines et gousses dans une casserole, ajouter le lait et porter à ébullition. Retirer du feu, couvrir et laisser infuser 10 min.

Faire fondre le chocolat au bain-marie. Pendant ce temps, dans un saladier, battre les jaunes d'œufs quelques secondes. Verser le sucre en pluie et fouetter le mélange jusqu'à ce qu'il blanchisse (3 min). Verser alors le lait chaud en un mince filet, en tournant avec le fouet. Reverser le tout dans la casserole et faire chauffer à feu moyen, en remuant avec une spatule en bois, jusqu'à ce que la crème épaississe et nappe la spatule (un doigt sur la spatule y laisse une trace).

POUR SERVIR : Retirer du feu, incorporer le chocolat fondu en fouettant, puis, tout en continuant de fouetter, mettre le fond de la casserole dans de l'eau glacée pour arrêter la cuisson.

crèmes
au chocolat
parfumées à l'encens

par Guy Martin

  10 **5** min **1h15** min

Ingrédients :

25 cl de crème liquide

8,5 cl de lait entier

4 jaunes d'œufs

60 g de sucre en poudre

90 g de chocolat noir

30 g de cacao amer en poudre

6 gouttes d'extrait d'encens (en herboristerie)

Matériel :

10 ramequins

PRÉPARATION : Blanchir les jaunes d'œufs et le sucre dans une terrine en les mélangeant vigoureusement avec une cuillère en bois. Ajouter l'extrait d'encens et le cacao, et mélanger à nouveau. Couper le chocolat en morceaux. Porter le lait à ébullition, y faire fondre les morceaux de chocolat et laisser refroidir. Incorporer la crème liquide, puis verser cette préparation sur les jaunes d'œufs sucrés.

POUR SERVIR : Répartir la crème au chocolat dans 10 ramequins ou 10 petits pots en porcelaine, enfourner et faire cuire 1 h 15 à 90°C (th. 3).

 Si vous ne trouvez pas d'extrait d'encens, remplacez-le par quelques zestes râpés très fins d'orange ou de citron vert. Pour conserver leur crémeux aux ramequins, n'utilisez que de la crème liquide et du lait entier.

mousse au chocolat crémeuse
aux framboises

par Philippe Legendre

  4 **10** min **4** min

Ingrédients :

150 g de chocolat noir à 70 % de cacao

30 g de pâte de cacao à 90 % (non sucrée)

500 g de crème UHT

300 g de framboises

80 g de framboises écrasées

80 g de sucre semoule

Feuilles d'or alimentaire

Copeaux de chocolat

PRÉPARATION : Hacher le chocolat noir en petits morceaux, le mettre dans un saladier avec la pâte de cacao, les framboises écrasées et le sucre. Porter la crème à ébullition dans une casserole. La verser dans le saladier sur le chocolat, bien mélanger à l'aide d'un fouet et laisser tiédir. Répartir équitablement les framboises dans 4 grandes coupes, les sucrer légèrement. Verser le crémeux au chocolat encore liquide dessus. Laisser reposer 1 h 30 afin que le chocolat s'imprègne bien et développe tous les arômes. **POUR SERVIR :** Décorer de feuilles d'or et de copeaux de chocolat.

À faire également avec des mûres, en automne. Le chocolat à 70 % de cacao se trouve facilement chez les chocolatiers.

mousse au chocolat et sa coque de chocolat

par Frédéric Robert

Pour la mousse au chocolat :

300 g de chocolat de couverture noir

8 jaunes d'œufs

150 g de sucre

25 cl de blancs d'œufs

75 g de crème fleurette

Pour la sauce au chocolat :

25 cl de lait

125 g de crème fleurette

200 g de chocolat de couverture noir

20 g de pâte de cacao

75 g de sucre semoule

Pour la coque et la garniture :

200 g de chocolat de couverture noir

Matériel :

1 moule flexible de 6,5 cm de diamètre

LA COQUE AU CHOCOLAT : Faire fondre 100 g de chocolat au bain-marie. En chemiser le moule à l'aide d'un pinceau. Faire prendre au réfrigérateur puis démouler. Réserver au frais.

LA MOUSSE AU CHOCOLAT : Faire fondre le chocolat avec la crème fleurette à feu doux, bien lisser, laisser tiédir. Monter les jaunes d'œufs en sabayon, au bain-marie, avec 100 g de sucre. Laisser refroidir. Monter les blancs en neige ferme avec le sucre restant. Lorsque le chocolat est tiède, y incorporer une partie des blancs en neige. Incorporer le reste au sabayon froid, puis réunir délicatement les deux masses.

LA SAUCE AU CHOCOLAT : Concasser finement le chocolat avec la pâte de cacao. Porter à ébullition le lait avec la crème et le sucre. Hors du feu, incorporer le chocolat et la pâte de cacao concassés. Laisser tiédir.

POUR SERVIR : Verser la mousse au chocolat dans un saladier. Y déposer la coque de chocolat au centre et l'enfoncer à niveau dans la mousse. Au moment de servir, remplir la coque de chocolat de sauce légèrement tiède. Préparer des copeaux de chocolat avec les 100 g de chocolat restant, à l'aide d'un économe. Parsemer la mousse de ces copeaux.

poires
et gros bonbon
au chocolat

par Nathalie Vigato

   **6** **20** min **25** min

Pour les poires :

3 poires conférence

600 g de sucre semoule

2 gousses de vanille

Pour les bonbons :

3 feuilles de brick

6 gros carrés de chocolat noir

40 g de beurre

Sucre glace

Pour le dressage :

50 cl de crème liquide

50 cl de glace à la vanille

10 g d'amandes effilées

Matériel :

Ficelle de cuisson

LES POIRES : Éplucher les poires. Faire bouillir 1 litre d'eau avec le sucre et les gousses de vanille fendues en deux dans la longueur, puis baisser le feu et ajouter les poires. Lorsqu'elles sont translucides, arrêter la cuisson.

LES BONBONS : Faire fondre le beurre dans une casserole à feu très doux et n'en garder que la partie transparente.

Beurrer les feuilles de brick à l'aide d'un pinceau, puis les couper en deux. Envelopper chaque carré de chocolat dans une demi-feuille de brick et fermer les côtés à l'aide de ficelle alimentaire pour former un bonbon. Beurrer chaque bonbon, enfourner et laisser cuire 7 min à 210°C (th. 7).

LE DRESSAGE : Monter la crème en chantilly en ajoutant un peu de sucre glace à la fin. Couper les poires en deux, les saupoudrer de sucre glace et les passer sous le gril du four pour qu'elles deviennent dorées.

Déposer une demi-poire dans une assiette assez longue, et l'accompagner d'une quenelle de chantilly, d'un bonbon au chocolat et d'une boule de glace à la vanille. Parsemer enfin de quelques amandes effilées dorées à la poêle.

tarte au chocolat
au lait
et cacahuètes salées

par Pierre Hermé

  8 15+40 min   20 min

Pour la pâte :

500 g de farine

300 g de beurre

190 g de sucre glace

60 g de poudre d'amandes

2 œufs

4 pincées de fleur de sel

1/3 de cuillerée à café de vanille en poudre

Pour le caramel mou au beurre salé :

60 g de sucre semoule

10 g de beurre salé

70 g de crème liquide

Pour la ganache au chocolat au lait :

300 g de crème fleurette

350 g de chocolat de couverture

Pour la finition :

80 g de nougat de Montélimar

100 g de cacahuètes décortiquées salées

Copeaux de chocolat

LA PÂTE :

LA VEILLE / Sortir le beurre du réfrigérateur à l'avance. Tamiser la farine et le sucre glace séparément. Casser les œufs dans un bol. Mettre le beurre dans le bol d'un robot équipé d'un couteau en plastique, le malaxer à vitesse moyenne pour l'assouplir, puis ajouter successivement le sucre glace, la poudre d'amandes, la fleur de sel, la vanille, les œufs et la farine. Cesser de faire tourner l'appareil dès que la pâte forme une boule. L'entourer de film alimentaire et la réserver toute la nuit au réfrigérateur (cette quantité de pâte permet de réaliser trois grandes tartes de 22 cm).

LE JOUR MÊME / Beurrer le moule. À l'aide d'un rouleau à pâtisserie, abaisser un tiers de la pâte sur 2 mm d'épaisseur, sans la retravailler. Chemiser le moule, piquer le fond de tarte avec une fourchette et réserver 30 min au réfrigérateur. La tapisser de papier cuisson, la recouvrir de légumes secs et la faire cuire 25 min à 240°C (th. 8).

LE CARAMEL MOU AU BEURRE SALÉ : Dans une casserole, faire cuire à sec un tiers du sucre et, lorsqu'il caramélise, ajouter le deuxième tiers et enfin le dernier tiers. Le « décuire » avec le beurre, puis avec la crème.

LA GANACHE AU CHOCOLAT AU LAIT : Hacher finement le chocolat. Faire bouillir la crème, y incorporer le chocolat et bien mélanger.

LA FINITION : Couper le nougat en dés de 6 à 8 mm de côté. Verser le caramel sur le fond de tarte, parsemer de nougat et des deux tiers des cacahuètes, puis recouvrir de ganache. Réserver 1 heure au réfrigérateur. Avant de servir, parsemer la tarte du reste de cacahuètes et décorer de copeaux de chocolat.

tartelettes chocolat-passion,
blanc-manger à l'huile d'argan

par Christian Willer & Joël Manson

 4 **2** h **40** min

Pour la pâte sablée au chocolat :

250 g de farine

50 g de cacao en poudre

125 g de beurre mou

100 g de sucre en poudre

1 œuf entier

2 g de sel

Pour la ganache au chocolat :

250 g de chocolat amer

200 g de crème fraîche

80 g de beurre

Pour la mousse aux fruits de la Passion :

30 cl de pulpe de fruits de la Passion

Le jus de 1/2 citron

4 feuilles de gélatine (de 2 g chacune)

160 g de sucre semoule

220 g de crème fleurette

3 blancs d'œufs

Pour le blanc-manger :

100 g d'amandes fraîches

20 cl de crème fraîche

2 gouttes d'eau de fleurs d'oranger

1 gousse de vanille

Huile d'argan

Pour la décoration :

4 belles fraises

200 g de fraises des bois

Matériel :

4 moules à tartelettes de 10 cm de diamètre

LA PÂTE SABLÉE AU CHOCOLAT : Dans un saladier, fouetter l'œuf avec le sel et le sucre. Tamiser la farine et le cacao, et les incorporer à l'œuf battu. Mélanger du bout des doigts pour sabler. Ajouter le beurre en parcelles et pétrir jusqu'à ce que la pâte soit homogène. L'envelopper dans un morceau de film alimentaire et la laisser reposer 30 min. Étaler la pâte au rouleau sur 3 à 4 mm d'épaisseur, y découper 4 cercles de 12 cm de diamètre et garnir les moules à tartelettes. Tapisser la pâte de papier d'aluminium et la recouvrir de haricots secs. Enfourner et laisser cuire 20 min à 150°C (th. 5). Retirer les haricots et le papier, et réserver.

LA GANACHE AU CHOCOLAT : Couper le chocolat en petits morceaux. Dans une casserole à fond épais, faire bouillir la crème à feu doux. Ajouter les morceaux de chocolat et mélanger à la spatule jusqu'à ce que la préparation soit fondue et nappe la spatule. Laisser tiédir en fouettant vigoureusement. Incorporer le beurre en parcelles. Répartir cette préparation sur les fonds de pâte. Laisser refroidir puis réserver au réfrigérateur.

LA MOUSSE AUX FRUITS DE LA PASSION : Faire ramollir les feuilles de gélatine dans de l'eau froide, les presser, les mettre à fondre à feu doux. Ajouter la pulpe des fruits, le jus de citron et la moitié du sucre. Battre la crème en chantilly et l'incorporer au mélange. Battre les blancs en neige en ajoutant le reste de sucre. Incorporer délicatement les blancs à la mousse. Garnir les tartelettes au chocolat d'une belle épaisseur de mousse et les remettre au réfrigérateur.

LE BLANC-MANGER : Piler les amandes au mortier. Dans une casserole à fond épais, porter la crème à ébullition, puis baisser le feu et ajouter la gousse de vanille et les amandes pilées. Laisser infuser 10 min. Retirer la vanille, émulsionner la crème avec un filet d'huile d'argan et l'eau de fleurs d'oranger. Verser dans un bol, le poser sur des glaçons et laisser refroidir.

LA DÉCORATION : Déposer 1 fraise au centre de chaque tartelette et l'entourer de fraises des bois. Cerner d'un cordon de blanc-manger et servir.

tarte tiède au Nutella®
et chocolat amer

par Frédérick Grasser-Hermé

  8 15 min   20 min

Pour la pâte :

150 g de beurre

95 g de sucre glace

30 g de poudre d'amandes

1 g de fleur de sel

1 gousse de vanille

1 œuf

250 g de farine type 45

Pour la ganache :

150 g de chocolat amer

3 œufs

20 g de sucre semoule

100 g de beurre

150 g de Nutella®

Matériel :

1 cercle à pâtisserie de 26 cm de diamètre
et 2 cm de hauteur

Papier sulfurisé

Billes spéciales pâtisserie ou légumes secs

LA PÂTE : Fendre la gousse de vanille en deux dans la longueur et récupérer les graines à l'aide d'un petit couteau. Faire fondre le beurre à feu doux, le laisser tiédir, puis le verser dans une terrine avec le sucre glace, la poudre d'amandes, la fleur de sel, les graines de vanille, l'œuf et la farine. À partir de ce moment, mélanger le moins possible de façon à garder une texture de pâte très fondante et très sablée. L'envelopper dans un film plastique et réserver 1 heure au réfrigérateur. Recouvrir la plaque de cuisson du four de papier sulfurisé. Abaisser la pâte à la main dans le cercle à pâtisserie, en la travaillant le moins possible. La recouvrir de papier sulfurisé, enfourner et laisser cuire 10 min à 170°C (th. 5-6).

LA GANACHE : Faire fondre le chocolat amer au bain-marie dans une petite casserole, puis le mettre dans une terrine. Dans une autre casserole, faire fondre le beurre et le laisser tiédir. Casser 2 œufs en séparant les blancs des jaunes. Incorporer dans le chocolat fondu le Nutella®, 1 œuf entier, 2 jaunes d'œufs, le beurre fondu et le sucre. Dès que la ganache est bien mélangée, la répartir sur le fond de tarte. Enfourner et laisser cuire 10 min à 180°C (th. 6). La surface de la tarte tiède a une texture de biscuit et son cœur est fondant et mœlleux.

pastillas chocolat-framboise,
sorbet au fromage blanc

par Jean-Luc Laborie

Pour le sorbet au fromage blanc :

500 g de fromage blanc à 20 % de matières grasses

175 g de sucre

Pour les pastillas :

6 feuilles de brick

3 barquettes de framboises

60 g de beurre

10 cl de coulis de framboises

3 brins de menthe

Sucre glace

Pour la ganache au chocolat :

100 g de beurre

150 g de chocolat à 65 % de cacao

25 g de sucre semoule

2 jaunes d'œufs

Matériel :

6 ramequins

1 emporte-pièce du diamètre des ramequins

LE SORBET AU FROMAGE BLANC : Porter à ébullition 12,5 cl d'eau avec le sucre jusqu'à ce que le sucre soit fondu, laisser tiédir et incorporer au fromage blanc. Verser dans une sorbetière, laisser turbiner.

LA GANACHE AU CHOCOLAT : Couper le chocolat en morceaux, le faire fondre au bain-marie et lui incorporer 40 g de beurre mou. Fouetter les jaunes avec le sucre jusqu'à ce que le mélange blanchisse. Les incorporer au chocolat, hors du feu, puis verser dans un plat sur 1 cm d'épaisseur. Laisser durcir au réfrigérateur. Y détailler 6 disques à l'emporte-pièce et réserver à nouveau au réfrigérateur.

LES PASTILLAS : Faire fondre le beurre à feu très doux, laisser reposer. Couper les feuilles de brick en deux et les beurrer au pinceau. Répartir l'équivalent de 1/3 de barquette de framboises au centre de chaque demi-feuille et poser 1 disque de chocolat dessus. Rabattre les bords des feuilles de brick (de manière à bien enfermer le chocolat), les retourner et les poser dans les ramequins. Saupoudrer de sucre glace, enfourner et laisser cuire 10 min à 180°C (th. 6). Démouler les pastillas sur les assiettes, les entourer du coulis de framboises et les parsemer du reste de framboises. Poser une quenelle de glace au fromage blanc dessus et décorer de feuilles de menthe.

gâteau-tablette
chocolat-marrons

par Robert Linxe

  6/8   15+40 min **15** min

Pour la mousse au chocolat :

300 g de chocolat noir

15 cl de crème fleurette

50 g de beurre

Pour la génoise au chocolat :

125 g de farine

30 g de cacao en poudre non sucré

125 g de sucre semoule

5 œufs

Pour la garniture aux marrons :

600 g de pâte de marrons

600 g de crème de marrons

300 g de beurre mou

20 cl de crème fleurette

5 cl de rhum

100 g de brisures de marrons

Pour le sirop :

150 g de sucre semoule

4 cl de rhum

Pour le glaçage :

425 g de chocolat noir

40 cl de lait

30 g de glucose

30 g de beurre

Matériel :

1 plaque à pâtisserie de 20 cm x 25 cm

LA VEILLE / LA MOUSSE AU CHOCOLAT : Hacher finement le chocolat et le mettre dans une terrine. Porter la crème à ébullition dans une casserole, la verser bouillante sur le chocolat. Laisser reposer 1 min, mélanger puis réserver 2 h au réfrigérateur. Réduire le beurre en pommade. Retirer la mousse du réfrigérateur, la faire tiédir au bain-marie à feu très doux et ajouter le beurre par petites quantités. Retirer du bain-marie et laisser reposer toute la nuit à température ambiante.

LE JOUR MÊME / LA GÉNOISE : Préchauffer le four à 210°C (th. 7). Recouvrir la plaque à pâtisserie de papier sulfurisé. Mélanger dans un bol la farine et le cacao. Casser les œufs dans le bol d'un mixeur, ajouter le sucre et mixer jusqu'à ce que la pâte forme un ruban. Y incorporer délicatement le mélange farine-cacao. Étaler la pâte sur la plaque à pâtisserie, enfourner et laisser cuire 5 min, puis baisser la température du four à 150°C (th. 5) et laisser cuire encore 4 min (le biscuit doit être doré et moelleux). Sortir la génoise du four, la laisser tiédir et la démouler sur une feuille de papier sulfurisé. Retirer le papier du dessus, laisser refroidir et couvrir d'un torchon humide.

LA GARNITURE AUX MARRONS : Faire tiédir le rhum dans une petite casserole. Dans le bol d'un mixeur, mettre la pâte et la crème de marrons, le beurre et le rhum tiède, et mixer la préparation jusqu'à ce qu'elle devienne homogène. Verser dans un saladier. Fouetter la crème en chantilly, l'incorporer au mélange précédent.

LE SIROP : Porter à ébullition 25 cl d'eau avec le sucre dans une casserole. Hors du feu, ajouter le rhum et mélanger.

LE MONTAGE : Sortir la mousse au chocolat du réfrigérateur et la fouetter au fouet électrique pendant 3 à 5 min. Couper la génoise en trois rectangles égaux. Poser un rectangle sur un plat, l'imbiber d'un tiers du sirop et recouvrir de mousse au chocolat,. Poser dessus un deuxième rectangle, l'imbiber avec le deuxième tiers de sirop, recouvrir de garniture aux marrons et parsemer de débris de marrons. Terminer par le dernier rectangle et l'imbiber du sirop restant. Réserver 2 h au réfrigérateur.

LE GLAÇAGE : Hacher le chocolat et le mettre dans une terrine. Porter le lait à ébullition dans une casserole, le verser bouillant sur le chocolat, laisser reposer 1 min, puis mélanger. Ajouter le glucose et le beurre, mélanger, laisser tiédir. Étaler le glaçage sur toute la surface du gâteau. Dessiner des carrés à l'aide d'une brochette en bois pour former une tablette de chocolat. Réserver au moins 1 h au réfrigérateur avant de servir.

fondants au chocolat

par Laurent Audiot

 4 **15** min **5** min

Ingrédients :

115 g de chocolat à 65 % de cacao

115 g de beurre

3 jaunes d'œufs

90 g de sucre semoule

50 g de farine

Matériel :

4 cercles à pâtisserie en Inox

de 6,5 cm de diamètre

Papier cuisson

1 poche à douille

PRÉPARATION : Recouvrir une plaque à pâtisserie de papier cuisson. Casser le chocolat, couper le beurre en morceaux et les faire fondre au bain-marie. Dans un bol, fouetter les jaunes d'œufs avec le sucre jusqu'à ce que le mélange blanchisse. Incorporer la farine puis le mélange chocolat-beurre. Verser la préparation dans la poche à douille.

Poser les cercles sur la plaque à pâtisserie et les remplir aux trois quarts. Enfourner et laisser cuire 5 min à 200°C (th. 6-7). Retirer les cercles à l'aide d'un petit couteau.

POUR SERVIR : Servir les fondants accompagnés d'une crème anglaise ou de chantilly.

 Faites cuire ces fondants au dernier moment en faisant patienter vos amis avec une salade d'agrumes. Ils n'attendent pas et sont meilleurs chauds.

cake
au chocolat
épicé et gingembre confit

par Pierre Marcolini

 6 **20** min **40** min

Ingrédients :

150 g de chocolat noir

175 g de farine

175 g de sucre semoule

125 g de beurre mou

4 œufs

2 cuillerées à café de levure chimique

200 g de gingembre confit

1/2 cuillerée à café de quatre-épices

Pétales de gingembre cristallisés

Matériel :

1 moule à cake de 24 cm

PRÉPARATION : Beurrer le moule et préchauffer le four à 150°C (th. 5). Râper le chocolat à l'aide d'une râpe à gros trous. Couper le gingembre en dés de 1/2 cm de côté et les mélanger dans un bol avec 1 cuillerée à soupe de farine. Mélanger le reste de farine avec la levure et le quatre-épices.

Casser les œufs dans une terrine, ajouter le sucre et fouetter jusqu'à ce que le mélange blanchisse. Ajouter le beurre, fouetter à nouveau, puis incorporer délicatement le mélange à base de farine. Ajouter enfin les dés de gingembre et le chocolat râpé, et mélanger quelques secondes.

Verser la pâte dans le moule, enfourner et laisser cuire 40 min (le cake doit être gonflé et doré). Retirer du four, laisser reposer 10 min et démouler le cake sur une grille à pâtisserie.

POUR SERVIR : Le laisser complètement refroidir et le servir décoré de pétales de gingembre cristallisés.

 Ce cake épicé est délicieux avec des zestes d'agrumes confits si vous n'aimez pas le gingembre.

le gâteau au chocolat
de Jean-Pierre

par Jean-Pierre Billoux

  6/8 **15** min **20/25** min

Pour le gâteau :

250 g de chocolat noir

8 œufs

180 g de sucre semoule

50 g de farine

125 g de beurre

Pour le glaçage :

180 g de chocolat noir

20 cl de crème liquide

20 g de beurre

Sucre glace

Matériel :

1 moule à manqué de 25 cm de diamètre

LE GÂTEAU : Casser le chocolat en morceaux et les faire fondre au bain-marie à feu doux. Ajouter le beurre coupé en morceaux et attendre quelques secondes. Retirer du feu, mélanger et lisser le mélange. Casser les œufs en séparant les blancs des jaunes. Mettre les blancs dans un saladier et les jaunes dans un bol. Verser le sucre sur les jaunes et fouetter le mélange jusqu'à ce qu'il blanchisse. Battre les blancs en neige ferme. Verser les jaunes sur les blancs et mélanger doucement. Y incorporer délicatement le mélange chocolat-beurre, ajouter la farine et mélanger à nouveau. Allumer le four à 180°C (th. 6). Beurrer le moule, y verser le mélange, enfourner et laisser cuire 20 à 25 min. Démouler le gâteau sur une grille à pâtisserie et le laisser refroidir à température ambiante.

LE GLAÇAGE : Râper très finement le chocolat. Verser la crème dans une casserole, porter à ébullition et retirer du feu. Ajouter le chocolat râpé (en réserver 20 g pour la décoration) et mélanger délicatement à l'aide d'une spatule, jusqu'à ce que le chocolat soit fondu et le mélange très lisse. Incorporer le beurre et mélanger à nouveau. Napper le gâteau du glaçage en le répartissant sur toute la surface et laisser durcir. Saupoudrer du reste de chocolat râpé et de sucre glace, puis servir le gâteau.

bûche
de paille

par Pierre Hermé

  8/10  **1** h **10** min

Pour le biscuit :

40 g de farine de châtaigne

9 œufs

45 g de farine

150 g de sucre semoule

Pour le sirop :

70 g de sucre semoule

60 g de whisky pur malt

Pour la crème légère aux marrons :

120 g de purée de marrons

140 g de pâte de marrons

40 g de beurre mou

220 g de crème liquide

3 cl de whisky pur malt

1 feuille de gélatine (2 g)

Pour la garniture :

1 bocal de grains de cassis au sirop (150 g)

égouttés 2 h à l'avance

5 ou 6 marrons glacés

Pour la décoration :

250 g de chocolat blanc

1 cuillerée à soupe de cacao en poudre

Matériel :

6 pochettes de classeur en plastique transparent

Papier cuisson

LA DÉCORATION : Hacher le chocolat blanc et en faire fondre les deux tiers au bain-marie. Retirer du feu et du bain-marie, incorporer le chocolat restant en le mélangeant doucement à l'aide d'une spatule en bois, puis le remettre 1 min au bain-marie. Poser les pochettes à plat sur le plan de travail. Faire un cornet avec une feuille de papier cuisson, verser le chocolat fondu dans le cornet, replier la partie supérieure, puis couper très légèrement le bout du cornet. Faire des traits de chocolat blanc en un mouvement de va-et-vient sur les feuilles en plastique en dépassant légèrement des bords. Laisser figer, recouvrir chaque feuille de papier cuisson et les empiler les unes sur les autres. Réserver 1 h au réfrigérateur en posant un poids dessus.

LE SIROP : Dans une casserole, porter à ébullition 65 g d'eau avec le sucre à feu doux. Laisser refroidir, ajouter le whisky, puis réserver au réfrigérateur.

LE BISCUIT : Préchauffer le four à 230°C ou 240°C (th. 7-8). Tamiser les deux farines. Casser les œufs en séparant les blancs des jaunes ; ne garder que 5 blancs d'œufs. Dans une terrine, fouetter les 9 jaunes avec 90 g de sucre jusqu'à ce que le mélange blanchisse. Dans une seconde terrine, battre les blancs en neige ferme avec le reste de sucre. Verser les jaunes sur les blancs en soulevant délicatement la masse à l'aide d'une spatule. Incorporer les farines de la même façon. Couvrir une plaque à pâtisserie de papier cuisson. Étaler la pâte en un rectangle de 40 cm x 25 cm, enfourner et laisser cuire 8 à 10 min. Sortir du four, laisser refroidir et retourner le biscuit sur une feuille de papier cuisson. Décoller le papier du dessus. À l'aide d'un pinceau, imbiber le biscuit de sirop.

LA CRÈME LÉGÈRE AUX MARRONS : Faire tremper la gélatine dans de l'eau froide. Faire bouillir 20 g de crème liquide, y faire fondre la gélatine égouttée, puis ajouter le whisky. Fouetter le beurre avec la pâte et la purée de marrons de façon à obtenir une pâte souple. Y incorporer la crème au whisky. Fouetter le reste de crème liquide et l'incorporer délicatement à la préparation.

LE MONTAGE DE LA BÛCHE : Émietter les marrons glacés. À l'aide d'une spatule, étaler uniformément 100 g de crème sur la surface du biscuit. Parsemer de grains de cassis et de miettes de marrons glacés. Rouler le biscuit dans la longueur et l'enfermer dans un morceau de film alimentaire bien serré. Réserver 45 min au réfrigérateur.

LA PRÉSENTATION : Ôter le film entourant la bûche, la poser sur un plat de service rectangulaire. Cintrer légèrement le milieu de la bûche. Couper les extrémités en biais pour donner l'impression de la botte. Recouvrir la bûche d'une couche de crème légère aux marrons en la lissant avec une spatule. Décorer de brindilles de chocolat blanc en les disposant bien serrées de part et d'autre du centre. Saupoudrer très légèrement de cacao et l'étaler à l'aide d'un pinceau bien sec.

index

& choco

at

le**chocolat**

macuisine

Notes _____

_____

_____

_____

_____

_____

_____

_____

_____

_____

_____

_____

_____

_____

_____

_____

_____

_____

macuisine

Notes

_____

_____

_____

_____

_____

_____

_____

_____

_____

_____

_____

_____

_____

_____

_____

_____

_____

_____

_____

*ma*cuisine

Notes

_____

_____

_____

_____

_____

_____

_____

_____

_____

_____

_____

_____

_____

_____

_____

_____

_____

_____

_____

_____

macuisine

Notes

*ma*cuisine

Notes

_____

_____

_____

_____

_____

_____

_____

_____

_____

_____

_____

_____

_____

_____

_____

_____

_____

macuisine

Notes _____

_____

_____

_____

_____

_____

_____

_____

_____

_____

_____

_____

_____

_____

_____

_____

_____

_____

*ma*cuisine

Notes

_____

_____

_____

_____

_____

_____

_____

_____

_____

_____

_____

_____

_____

_____

_____

_____

_____

_____

macuisine

Notes

macuisine

Notes

_____

_____

_____

_____

_____

_____

_____

_____

_____

_____

_____

_____

_____

_____

_____

macuisine

Notes

_____

_____

_____

_____

_____

_____

_____

_____

_____

_____

_____

_____

_____

_____

_____

_____

_____

_____

Crédits

Photographies :
Beatriz Da Costa (p. 45), Bernhard Winkelmann (pp. 9,
11, 13, 15, 17, 19, 21, 23, 25, 27, 49, 51, 67, 81, 83,
87, 89, 97, 101, 105, 111), Françoise Nicol (pp. 35, 41,
74), Hartmut Kieffer (p. 61), Ingallil Snitt (p. 113), Iris L.
Sullivan (p. 43), Jacques Caillaut (pp. 57, 71, 91, 95,
99, 103), Jean-Marie Del Moral (p. 107), Marie-Pierre
Morel (pp. 31, 47, 55), Peter Lippmann (pp. 33, 39, 63,
65, 69, 85, 93, 109), Jean-François Rivière (pp. 37, 59,
73), Yutaka Yamamoto (p. 79).

Réalisation / Stylisme :
Michèle Carles, Sophie Dombre, Anne Grandclément,
Isabelle Laforge, Marie-France Michalon,
Geneviève Pardo, Florence Thielland, Laurence du Tilly,
Soraya Winkelmann.

Merci à Florence Beauffre, Marine Chastenet,
Christophe Delcourt, Stanislassia Klein ;
Caroline Prégermain, Alain Vavro pour leurs envies
de chocolat qui ont inspiré certaines des recettes
de ce livre.

Merci à Martine Albertin pour l'esprit inventif,
curieux et passionné insufflé dans les pages Cuisine
de Madame Figaro durant de longues années.

Direction de collection :
Emmanuelle Eymery et Marie-Pierre Ombrédanne
Assistées de Valérie Santoni-Barussaud

Direction de la rédaction de Madame Figaro :
Anne-Florence Schmitt

Éditeur de Madame Figaro :
Christophe Héral

Directeur de la publication :
Francis Morel

Fabrication :
Bertrand de Perthuis

Plus d'information sur la collection :
www.lefigaro.fr/macuisine

Conception & Création :
Pierre Tachon

PAO :
Anne Chaponnay

Correction :
Isabelle Cappelli

Réalisation :
Les Éditions Culinaires (LEC)
84 avenue Victor Cresson
92441 Issy-les-Moulineaux cedex
lecedition@wanadoo.fr

Photogravure :
Key Graphic

Imprimé par :
Arvato à la NIIAG,
à Bergame (Italie)

Dépôt légal : 4e trimestre 2006
ISBN 13 : 978-2-84123-128-7
ISSN en cours